SPROSSEN
&
KEIMLINGE

ANGELIKA FÜRSTLER

SPROSSEN & KEIMLINGE

15-Minuten-Rezepte mit Vitalstoff-Food

HANS-NIETSCH-VERLAG

Inhalt

DRINKS & SUPPEN

SALATE

GROSSE & KLEINE MAHLZEITEN

SÜSSE KLEINIGKEITEN

Einführung

Seit Jahrtausenden werden Keimlinge und Sprossen rund um den Globus als Heil- und Lebensmittel verwendet. Heute erleben sie eine wahre Renaissance und sind aus der modernen ganzheitlichen Ernährung gar nicht mehr wegzudenken. Der pflanzliche Samen trägt alles in sich, was es braucht, um eine Pflanze daraus wachsen zu lassen. Sobald er mit ausreichend Feuchtigkeit in Berührung kommt, wird er aus seinem Schlaf erweckt und der Keimprozess beginnt.

Nie wieder enthält die Pflanze so viele Nähr- und Vitalstoffe sowie Lebensenergie wie in ihrer Zeit als Sprosse. Neben Wildkräutern und Algen zählen aktivierte Samen, Keimlinge, Sprossen und Mikrogrün (die ich im Folgenden unter der Bezeichnung „Sprossen" zusammenfasse) zu den effektivsten Superfoods auf unserem Planeten.

Nüsse aktivieren und Sprossen ziehen – für das Plus an Vitalität

Die Welt der Keimlinge und Sprossen ist vielfältig und es gibt Wunderbares darin zu entdecken. Dieses Buch wird dich auf deinen Erkundungen begleiten: Du erfährst, wie du schnell und ohne großen Aufwand Keimlinge und Sprossen selbst ziehst sowie Nüsse, Kerne und Samen „aktivierst" und auf diese Weise vitalstoffreicher und leichter verdaulich machst.

In den 15-Minuten-Rezepten – die allesamt rein pflanzlich und frei von Gluten, Rohrzucker und Soja sind – werden sie lecker zubereitet. Das eine oder andere Gericht mag vielleicht ein wenig mehr Zubereitungszeit benötigen, dafür kannst du es gleich für mehrere Mahlzeiten zubereiten.

Zeit für eine bewusste Ernährung zu finden ist in unserer modernen, schnelllebigen Zeit nicht einfach. Doch es lohnt sich, denn durch das Aktivieren und Sprossenziehen verwandelst du Nahrungsmittel in wahre Lebens-Mittel, die deine Vitalität, deine Leistungsfähigkeit und dein Wohlbefinden steigern. Probiere es selbst aus und erfahre am eigenen Leib, welchen Unterschied diese phänomenalen kleinen Kraftpakete in deinem Leben machen. Du wirst sicherlich

- mehr Energie haben für die Dinge, die dir wirklich wichtig sind;
- eine Menge Geld sparen;
- das Beste für deine Gesundheit und die Gesundheit deiner Lieben erreichen und
- zu einem Pionier und Vorbild für andere Menschen werden.

Ob du Veganer, Vegetarier, Flexitarier oder Allesgenießer bist, Sprossen werten jede Mahlzeit auf und du kannst sie an jedem Ort und zu jeder Jahreszeit selbst ziehen – auch wenn du keinen grünen Daumen hast. Wie einfach das ist, erfährst du auf den folgenden Seiten.

Nüsse, Kerne und Samen aktivieren

Der erste Schritt beim Keimen besteht darin, das Saatgut zu „aktivieren": Es wird einige Stunden in Wasser eingeweicht. Dadurch wird der Samen sozusagen „zum Leben erweckt", der Keimprozess wird in Gang gesetzt. Beim Einweichen nimmt die Fülle an Nährstoffen enorm zu. Gleichzeitig werden unverdauliche **Antinährstoffe** – Stoffe also, die eine maximale Verwertung der mit der Nahrung aufgenommenen Nährstoffe einschränken – kontinuierlich abgebaut. Die Samen sind dadurch leichter verdaulich und können vom Körper besser verwertet werden. Zudem werden Enzyme aktiviert und die Samen strotzen nur so vor (Lebens-) Energie, die sie dir direkt zur Verfügung stellen. Dieser Prozess setzt sich beim Keimen weiter fort.

Das alles kann aktiviert werden:

- Nüsse, Kerne und Samen, die du normalerweise roh, also ungekocht essen würdest, wie Mandeln, Haselnüsse, Sonnenblumenkerne (ohne Schale), Kürbiskerne, Cashewkerne, Leinsamen, Chiasamen …;
- Samen, die du sonst kochen würdest, wie Getreide, Pseudogetreide und Hülsenfrüchte. Werden sie vor dem Kochen eingeweicht, verkürzt sich die Kochzeit deutlich;
- Saatgut, das du zu Sprossen, Keimlingen oder Mikrogrün ziehen willst.

Utensilien

Zum Aktivieren verwendest du ein Glas oder eine Schüssel. Zum Spülen ist ein Sieb sehr hilfreich.

Aktivieren, leicht gemacht

1. Die Nüsse, Kerne oder Samen gut durchspülen, bis das Wasser klar ist.
2. Dann **3- bis 4-mal so viel Wasser** (wie zu aktivierendes Saatgut) mit den Samen in das Glas bzw. die Schüssel geben. Die Samen bleiben je nach Saatgut unterschiedlich lang im Wasser. Je nach Saatgut unterschiedlich lange einweichen. In der Tabelle „Aktivierungs- und Keimzeiten", Seite 13, findest du die Einweich-zeiten für alle Nüsse, Samen und Kerne, die wir in diesem Buch verwenden.
3. Das Wasser anschließend abgießen, die aktivierten Samen mit kühlem Wasser gut durchspülen, bis das Wasser klar ist. Die aktivierten Samen gut abtropfen lassen.

Hinweise

Ausnahme: Schleimbildende Samen

Werden Saaten wie Chia-, Lein- oder Basilikumsamen eingeweicht, bilden diese eine gelartige Schicht um den Samen herum, um besser keimen zu können. Zum Aktivieren brauchst du hier 6- bis 10-mal so viel Wasser wie Saatgut. Es sollten keine trockenen Samen auf dem Wasser schwimmen. Rühre deshalb etwa 5 Minuten nach dem Einweichen noch einmal gut um. Vor oder nach dem Einweichen wird dieses Saatgut nicht gespült.

Hättest du's gewusst?

Nach dem Aktivieren schmecken Nüsse und Kerne frischer und lebendiger. Dehydrierst du sie anschließend (etwa im Dörrautomaten), ist ihr Geschmack wieder ähnlich wie vor dem Aktivieren, nur enthalten sie nun weniger Anti-nährstoffe (siehe Seite 7) und mehr Makro- und Mikronährstoffe, die deiner Gesundheit und Vitalität zugutekommen.

Zum Aktivieren und Spülen verwendest du am besten gereinigtes, revitalisiertes Wasser in Quellwasserqualität (siehe Bezugsquellen, Seite 62).

Wenn Saatgut länger als 12 Stunden eingeweicht wird, tauschst du das Wasser nach 12 Stunden aus.

Keimlinge und Sprossen ziehen

Nach dem Aktivieren kann das meiste Saatgut keimen und zu einem Pflänzchen heranwachsen: Es wird sich zuerst zu Keimlingen, dann zu Sprossen und weiter zu Mikrogrün entwickeln. Für das Keimen gibt es verschiedene Methoden und unterschiedliche Utensilien. Im Folgenden beschreibe ich zwei einfache Keimmethoden.

Das alles kann man keimen lassen:

Von Hülsenfrüchten über Getreide, Pseudogetreide bis zu Ölsaaten eignet sich fast jedes Saatgut.

Utensilien

Spezielle Sprossenutensilien sind nicht unbedingt nötig. Du kannst ein selbst gemachtes Sprossen-glas (siehe Foto rechte Seite, rechts unten) verwenden oder dir selbst ein Schüssel-Sieb-Keimgerät zusammenstellen. Ich empfehle dir jedoch, wenn du Spaß am Sprossenziehen gefunden hast, ein wenig in Sprossen-Equipment zu investieren. Es ist praktischer und langlebiger. Utensilien und Geräte erhältst du in Reform-häusern, Bioläden oder über den Onlinehandel (siehe Bezugsquellen, Seite 62).

Das selbst gemachte Schüssel-Sieb-Keimgerät

Dieses Prinzip eignet sich besonders fürs Keimen von größeren Mengen an Hülsenfrüchten, Getreide und Pseudogetreide. Du brauchst eine Glas-schüssel, ein Sieb (aus Edelstahl, Silikon oder

BPA-freiem Kunststoff) sowie einen Teller oder Deckel. Wie oben beschrieben (siehe Seite 7) weichst du das Saatgut in der Glasschüssel ein (wie lange, das kannst du in der Tabelle „Aktivierungs- und Keimzeiten", Seite 13, nachschauen). Danach schüttest du die aktivierten Samen in das Sieb ab und lässt sie dort, mit einem Teller oder Deckel bedeckt, keimen. Die Abdeckung sollte einen Spaltbreit offen bleiben, sodass die Luft ausreichend zirkulieren kann. Täglich 2-mal spülen.

Das selbst gemachte Sprossenglas

Mit diesem Sprossenglas kannst du Keimlinge und Sprossen aus allen Keimsaaten, außer den schleimbildenden, ziehen. Hierfür benötigst du ein Einmachglas, ein dünnes, luftdurchlässiges Tuch (z. B. ein Käsetuch, eine Stoffwindel, eine Mullbinde oder einen Gewebe-Filter für Sprossen [siehe Bezugsquellen, Seite 62]), einen Haushalts-gummiring, um das Tuch am Glas zu befestigen, und eine Schüssel oder einen Ständer (das Sprossen-glas sollte im 45-Grad-Winkel stehen, damit das Wasser gut ablaufen kann).

Alternativ sind natürlich auch Utensilien und Geräte wie *EasySprout*, Sprossensack, Etagenkeim-gerät, *EasyGreen*, Keimschale etc. zu verwenden (siehe Bezugsquellen, Seite 62).

Keimen, leicht gemacht

1. Das Saatgut gut spülen und aktivieren, also einweichen.

2./3. Das Wasser nach der Einweichzeit (siehe Tabelle „Aktivierungs- und Keimzeiten", Seite 13) abgießen, die aktivierten Samen gut spülen, bis das Wasser klar ist, und das Glas in Keimposition (etwa 45-Grad-Winkel; siehe auch Seite 9, Foto rechts unten) aufstellen.

4. Je nach Saatgut die Sprossen 2-mal täglich (morgens und abends) gründlich spülen (Hierbei miteinander verwachsene Sprossen sanft voneinander „befreien".) und das Glas anschließend wieder in Keimposition bringen. Dies so lange wiederholen, bis die Sprossen erntereif sind (siehe Tabelle „Aktivierungs- und Keimzeiten", Seite 13).

5. Sprossen vor dem Verzehr am besten 5 Minuten lang in ein desinfizierendes Wasserbad (Wasser plus 5 Prozent Apfelessig oder Zitronensaft) geben. Hier sinken zudem ungekeimte Samen zum Boden und die Samenhülsen schwimmen oben, können dann abgefischt und entsorgt werden. Die Sprossen aus dem Wasser nehmen und anschließend noch einmal spülen. Überschüssiges Wasser abtropfen lassen oder die Sprossen sanft in einer Salatschleuder trocken schleudern.

Hinweise

Feuchtigkeit, Luft, Wärme, Licht und Sonne

Sprossen brauchen ausreichend Feuchtigkeit und eine gute Luftzirkulation. Spezielle Sprossen-Utensilien stellen genau das sicher. Bitte achte beim selbst zusammengestellten Equipment darauf, dass das Wasser gut ablaufen kann, die Sprossen niemals darin „stehen" und dass sie gut „atmen" können.

Beim Keimen kann sich das Volumen des Saatguts verzwanzigfachen. Bitte die Saatgutmenge entsprechend zurückhaltend dosieren, damit sie immer gut Luft bekommen und es ihnen nicht zu warm wird.

Die ideale Keimtemperatur liegt zwischen 18 und 21 °C.

In der Sprossenzucht unterscheiden wir zwischen Hell- und Dunkelkeimern. Es gibt einige Sprossen, die tatsächlich Dunkelheit beim Keimen bevorzugen. Die in diesem Buch vorgestellten Sprossen, können – unabhängig davon, ob Dunkel- oder Hellkeimer – einfach bei Tageslicht gezogen werden. Weitere Infos zu Hell- und Dunkelkeimern findest du in meinem ersten Buch *Sprossen & Mikrogrün* (Hans-Nietsch-Verlag, 2015).

Achtung: Stelle dein Keimgerät niemals direkt in die Sonne. Verwende beim selbst gemachten Sprossenglas niemals den Deckel eines Einmachglases, in den du Löcher stichst, oder ein Stück Fliegengitter! Hier konsumierst du eventuell Metall- und Kunststoffpartikel mit deinen Sprossen.

Kohlkeimlinge

Bei *Brassica-*(Kohl-)Sorten wie Brokkoli, Radieschen, Rettich, Raps etc. bilden sich beim Keimen kleine Faserwurzeln. Verwechsle sie nicht mit Schimmel!

Sprossen ernten und lagern

Du kannst deine tägliche Ration Sprossen direkt aus dem Sprossenglas ernten und verzehren. Die restlichen Sprossen lässt du im Glas, sie wachsen dort weiter … so hast du immer genug Nachschub. Wenn die Sprossen nicht mehr weiterwachsen sollen, gibst du sie nach dem Ernten in einen mit Küchenpapier ausgelegten Behälter, deckst sie mit Küchenpapier ab und bewahrst den nicht ganz dicht verschlossenen Behälter im Kühlschrank auf. Die Sprossen sollten allerdings immer frisch duften und niemals unangenehm riechen oder aussehen.

Hinweis

Um besonders leckere, gesunde und aromatische Speisen zuzubereiten, solltest du alle Zutaten frisch, saisonal, aus regionalem Anbau und in Bio-Qualität einkaufen! Achte bei Saatgut zudem auf die Keimfähigkeit.

Angelikas Lieblings-Sprossenmixe

Zu meinen Sprossen gebe ich immer 5 Prozent Radieschensamen, denn diese wirken antibakteriell und helfen so, das Sprossen-„Haus" sauber zu halten. Ihre Schärfe fällt bei den Mischungen kaum ins Gewicht. Du kannst dir deine Sprossenmischungen jederzeit selbst zusammenstellen. Wichtig ist, dass das Saatgut die gleiche Keimdauer hat und geschmacklich zusammenpasst. Hier stelle ich dir meine Favoriten vor:

Die Schutzengerl-Mischung (z. B. statt nur Brokkoli): 25 Prozent Brokkoli, 25 Prozent Raps, 10 Prozent Violetter Klee, 10 Prozent Radieschen/Rettich, 5 Prozent Bockshornklee, 5 Prozent Schwarzkümmel
8 bis 12 Stunden einweichen, 5 bis 7 Tage keimen lassen

Glücksmischung (statt nur 1 Kleesamensorte): 50 Prozent Violetter Klee, 25 Prozent Rotklee, 25 Prozent Rosenklee, 5 Prozent Radieschen
8 bis 12 Stunden einweichen, 6 bis 7 Tage keimen lassen

Sprossenspatzi-Mischung (statt nur 1 Sorte aktivierter Samen für Salate): 40 Prozent Sonnenblumenkerne, 30 Prozent Kürbiskerne, 30 Prozent Zedern- oder Pinienkerne
4 bis 6 Stunden aktivieren

Aktivierungs- und Keimzeiten

Saatgut	Einweichzeit	Keimzeit
Adzukibohnen	8–12 Stunden	3–5 Tage
Alfalfa	8–12 Stunden	6–8 Tage
Amaranth	6–12 Stunden	2–3 Tage
Aprikosen-/Marillenkerne	8–12 Stunden	----
Basilikumsamen *	2–6 Stunden	----
Belugalinsen/Linsen	8–12 Stunden	3–5 Tage
Bockshornklee	6–12 Stunden	2–5 Tage
Brokkoli	8–12 Stunden	5–6 Tage
Buchweizen (geschält)	2–4 Stunden	10 Stunden – 2 Tage
Cashewkerne	2–4 Stunden	----
Chiasamen *	2–6 Stunden	----
Goldhirse	8–24 Stunden	----
Haselnüsse	8–24 Stunden	----
Kürbiskerne	4–12 Stunden	0–3 Tage
Leinsamen *	2–6 Stunden	----
Mandeln	8–24 Stunden	----
Mungbohnen	8–12 Stunden	3–5 Tage
Pekannüsse	6–12 Stunden	----
Pinienkerne	2–8 Stunden	----
Quinoa	2–4 Stunden	10 Stunden – 2 Tage
Radieschen/Rettich	6–12 Stunden	4–6 Tage
Raps	8–12 Stunden	5–6 Tage
Rotklee	8–12 Stunden	5–6 Tage
Sonnenblumenkerne (geschält)	4–6 Stunden	0–2 Tage
Violetter Klee	8–12 Stunden	4–6 Tage
Walnüsse	8–12 Stunden	----
Zedernkerne	2–8 Stunden	----

* Schleimbildende Samen

HEAL ME HAPPY-LIMONADE
mit aktivierten Basilikumsamen und Gojibeeren

Die Stars der Superfoods versammeln sich hier, um uns Gutes zu tun! Diese erfrischende Limonade wirkt wahre Wunder für Gesundheit, Schönheit, Wohlbefinden und schenkt Energie!

Für 1 Liter

1 l Wasser (Zimmertemperatur)
1 EL Basilikumsamen
einige Scheiben von einer Bio-Zitrone
1 EL Gojibeeren oder andere getrocknete
*   oder frische Früchte nach Wahl*
ein paar frische Minzblättchen

1 Die Basilikumsamen in kreisenden Bewegungen in das Wasser hineinrühren, sodass ein Wasserwirbel entsteht. Es sollen keine trockenen Samen mehr an der Oberfläche schwimmen. Das Ganze 2 bis 8 Stunden stehen lassen, dabei hin und wieder umrühren.

2 Die restlichen Zutaten 1 bis 2 Stunden vor dem Genießen der Limonade dazugeben.

Die heilsame Wirkung

Basilikumsamen (*Ocimum basilicum*) wirken Wunder. In den ältesten traditionellen Medizinsystemen der Menschheit (vor allem der Ayurvedischen, Chinesischen und der Siddha-Medizin) werden sie seit jeher als Heilmittel eingesetzt. Die kleinen, schleimbildenden Samen stecken voller Antioxidantien und liefern vor allem Vitamin K, Beta-Carotin, Eisen, Kalzium und Magnesium. Sie boosten unser Immunsystem, fördern die Durchblutung, schützen unser Herz und senken den Blutdruck, wirken zudem fiebersenkend, entzündungshemmend und antibakteriell. Sie sind kalorienarm, ballaststoffreich und haben eine reinigende, verdauungsfördernde und sättigende Wirkung. Basilikumsamen geben Energie, beugen Heißhungerattacken vor, helfen beim Abnehmen und bei Blähungen. Und ganz nebenbei verschönern sie unser Hautbild und wirken Stress reduzierend.

Hinweis:

Das Basilikumsamenwasser hält sich in einem geschlossenen Gefäß im Kühlschrank etwa 1 Woche, die Limonade etwa 1 Tag.

BLUE LAGOON-SMOOTHIE

mit aktivierten bitteren Aprikosenkernen

Dieser Drink ist ein Party-Hit! Sein süßlicher, an Marzipan und Amaretto erinnernder Geschmack wirkt stimmungsaufhellend. Mach doch mal „blau" und feiere das Leben!

Für 2 bis 3 Portionen

10 bittere aktivierte Aprikosenkerne
   (Vorbereitung siehe Seite 7 f.)
2–4 Medjool-Datteln, ohne Kern
200 ml Wasser
2 EL Kokosmus
1 EL weißes Mandelmus
etwas Vanillepulver
15–20 Eiswürfel
1 EL Magic Blue oder 1 TL Baobab-Pulver und etwas
   Spirulina-Blau zum Einfärben (siehe Bezugsquellen,
   Seite 62)
1 ausgehöhlte Ananas, Kokosraspel, ganze, aktivierte
   Mandeln, Vanillepulver, Fruchtspieße nach Wahl,
   ein paar Minzblättchen … zum Anrichten

Utensilien und Geräte
Hochleistungsmixer

1 Die Haut der aktivierten Aprikosenkerne und der Datteln entfernen, wenn der Smoothie eine zart blaue Farbe haben soll. Mit Haut wird er eher braun.

2 Alle Zutaten (außer den Eiswürfeln und *Magic Blue*) in den Mixer geben und fein pürieren.

3 Die beiden übrigen Zutaten hinzufügen und das Ganze noch einmal mixen.

4 **Servieren** Den Drink z. B. in eine ausgehöhlte Ananas füllen, garnieren und genießen.

Die heilsame Wirkung

Bittere Aprikosenkerne haben eine entzündungshemmende, antioxidative, antibakterielle, verdauungs-
fördernde, krebsvorbeugende und schmerzlindernde Wirkung. Sie liefern Eisen, Magnesium und Phosphor.
Gesundheitsbehörden empfehlen Erwachsenen, nicht mehr als 2 bittere Aprikosenkerne pro Tag zu essen,
Alternativmediziner dagegen halten eine Menge von 6 bis 9 Kernen täglich oder mehr für unbedenklich.

BREAKFAST-SMOOTHIE
mit Buchweizensprossen

Buchweizensprossen und Kokosöl versorgen unsere Zellen mit der Extraportion Energie, die wir für einen aktiven Tag brauchen. Bereite den Drink mehr oder weniger süß zu ... ganz wie du ihn heute magst.

Für 2 Portionen

etwa 350 ml Wasser (Menge nach Belieben)
2–3 reife Bananen
1 Handvoll Buchweizensprossen (Vorbereitung siehe Seite 7 ff.) und ein paar Sprossen zum Anrichten
1–2 Medjool-Datteln, ohne Kern
1 EL Kokosöl oder -mus
ein paar Eiswürfel (wahlweise)
etwas Vanillepulver und gemahlener Zimt zum Anrichten

Utensilien und Geräte
Hochleistungsmixer

1 Die Bananen schälen und grob in Stücke brechen.

2 Alle Zutaten (außer den Eiswürfeln) in den Mixer geben und pürieren, bis die Masse cremig ist. Mehr oder weniger Wasser verwenden, je nachdem, ob der Smoothie flüssig oder eher cremig sein soll.

3 Zum Schluss die Eiswürfel dazugeben und noch einmal kurz mixen.

4 **Servieren** Den Smoothie in dekorative Gläser oder kleine Schüsseln füllen, mit einigen Buchweizensprossen sowie Vanillepulver und Zimt bestreuen und lächelnd genießen.

Tipps
Ich liebe diesen Smoothie in der dickflüssigen Variante in meinem BlissMüsli (Seite 54) ... mit frischen Früchten.

Ist dir der Geschmack der Buchweizensprossen zu intensiv oder zu mehlig, kannst du zusätzlich einige aktivierte Mandeln oder Mandelmus in den Mixer geben.

BLISSMILK

mit aktivierten Mandeln und Cashewkernen

Die BlissMilk ist in nur 10 Minuten gemacht und sie schmeckt einfach himmlisch! Aktivierte Mandeln und Cashewkerne, Bourbonvanille und Medjool-Datteln geben ihr einen leicht süßen Geschmack. Ein Wohlfühl-Drink, der den Körper reichlich mit Vitaminen, Mineralstoffen, essenziellen Aminosäuren und Enzymen versorgt.

Für etwa 1 Liter

600–750 ml Wasser
1 Handvoll aktivierte Mandeln (mit Haut; Vorbereitung siehe Seite 7 f.)
¼ Handvoll aktivierte Cashewkerne (Vorbereitung siehe Seite 7 f.)
2–3 Medjool-Datteln, ohne Kern (nach Geschmack)
Bourbonvanille, aus ⅛ Schote herausgekratzt, oder ¼ TL Vanillepulver
1–2 TL Kokosblütenzucker (nach Geschmack)
1 Prise Ursalz

Utensilien und Geräte
Nussmilchbeutel oder Baumwolltuch/Stoffwindel, Hochleistungsmixer

1 Alle Zutaten in den Mixer geben und pürieren, bis die Flüssigkeit vollständig homogen ist.

2 Die Milch in den in einer Schüssel „stehenden" Nussmilchbeutel geben. Den Beutel oben zuziehen und die Flüssigkeit über der Schüssel aus ihm herauskneten.

3 Der in dem Beutel übrig bleibende Trester sollte so trocken wie möglich sein.

Tipps
Die Milch hält sich 1 im Kühlschrank bis 2 Tage.

Mit 1 Teelöffel probiotischen Bakterienkulturen (siehe Bezugsquellen, Seite 62), vor dem Auskneten hinzugefügt, erhältst du eine urgesunde probiotische Milch, die sich ein paar Tage länger hält.

Mit dem zurückbleibenden Trester kannst du rohköstliche oder gebackene Cracker, Kekse oder Brote zaubern.

Genieße die BlissMilk in all ihren Varianten: pur warm oder kalt, zum Müsli, als Basis für leckere Puddings, Drinks oder als frischen Milchschaum zum Dessert.

„ATME DURCH!"-SUPPE
mit Radieschen- und Rettichsprossen

Ein Gericht, das durchatmen lässt: Die Petersilienwurzel schenkt ein angenehm erdendes Feeling, das durch den Meerrettich und die erfrischend würzigen Radieschen- und Rettichsprossen aufgepeppt wird. Diese Suppe beugt Schnupfen und Erkältungen effektiv vor!

Für 6 Portionen

1 Zwiebel, fein gewürfelt
1–2 große Knoblauchzehen, auf einer Knoblauchreibe fein gerieben
½–1 EL Kokosöl
750 g Petersilienwurzel, in kleine Würfel geschnitten
1–3 TL Meerrettich, frisch gerieben
2 EL Suppenwürze-Pulver
1–1¼ l Wasser
2–3 EL weißes Mandel- und/oder Cashewmus
weißer Pfeffer zum Abschmecken
1–2 Handvoll Radieschen- und/oder Rettichsprossen (Vorbereitung siehe Seite 7 ff.) und etwas Pfeffer zum Anrichten

Utensilien und Geräte
Pürierstab oder Mixer

1 Die Zwiebelwürfel unter Rühren in Kokosöl glasig andünsten, Knoblauch dazugeben und mit andünsten. Anschließend Petersilienwurzel und Meerrettich hinzufügen und ebenfalls unter Rühren 3 bis 5 Minuten anbraten, mit Suppenwürze-Pulver bestreuen und 3 Minuten weiterdünsten.

2 Das Wasser daraufgießen, alles gut umrühren und im geschlossenen Topf 5 Minuten köcheln, dann die Suppe noch ein wenig ziehen lassen.

3 Das Mandelmus in die Suppe einrühren, alles pürieren und abschmecken. Die Suppe 10 Minuten ziehen lassen.

4 **Servieren** Die ein wenig abgekühlte Suppe mit Sprossen garniert und etwas Pfeffer bestreut genießen.

Die heilsame Wirkung
Radieschen- und Rettichsprossen sind wahre Saubermacher. Ihre ätherischen Öle wirken reinigend, entgiftend, antibakteriell, antiviral und entschleimend auf die Atemwege. Sie fördern Verdauung und Abwehrkräfte.

Gourmet-Tipp:

Du kannst das Gemüse auch mit 1 Esslöffel Kokos-
blütenzucker karamellisieren und mit 1 Esslöffel
Apfelessig ablöschen. Dann erst gibst du das
Wasser dazu.

GRÜNE KRAFTSUPPE
mit aktiviertem Buchweizen oder Buchweizensprossen

Egal ob Frühling, Sommer, Herbst oder Winter: Nimm einfach dein grünes Lieblingsgemüse bzw. Wildkräuter, die gerade draußen wachsen, und bereite dir damit diese wunderbare Zaubersuppe zu.

Für 6 bis 8 Portionen

1 Zwiebel, fein gewürfelt

½–1 EL Kokosöl

3 Knoblauchzehen, je zur Hälfte auf einer Knob-lauchreibe fein gerieben und in feine Scheiben geschnitten

1 kleine Stange Lauch

1 kleine Zucchini

1 Selleriestange

2 EL Suppenwürze-Pulver oder 1 EL Suppenwürze-Pulver und 1 EL Schroth-Gewürz (siehe Bezugs-quellen, Seite 62)

½ TL ungemahlener Kümmel

½–1 TL Senf oder Senfsamen

etwa 1½ l Wasser (Menge nach Belieben)

1 Lorbeerblatt

1–2 Handvoll Babyspinat oder frischer Bärlauch

1 EL getrockneter Bärlauch

schwarzer Pfeffer zum Abschmecken

4 Handvoll aktivierter Buchweizen oder Buch-weizensprossen (Vorbereitung siehe Seite 7 ff.)

1 Den Lauch in feine Ringe schneiden, die Zucchini in kleine Würfel und die Selleriestange in dünne Scheiben schneiden. Den Spinat waschen.

2 Die Zwiebelwürfel unter Rühren in Kokosöl glasig andünsten. Den Knoblauch dazugeben und mit andünsten. Den Lauch hinzufügen und alles etwa 5 Minuten anbraten.

3 Nun Suppenwürze, Kümmel und Senf in den Topf geben und etwa 3 Minuten mit anrösten. Zucchini und Sellerie ebenfalls hinzufügen und 1 bis 2 Minuten andünsten.

4 Das Wasser dazugießen, das Lorbeerblatt in die Suppe geben und das Ganze im geschlossenen Topf aufkochen lassen. Den frischen Babyspinat oder Bärlauch und den getrockneten Bärlauch in die Suppe geben. Die Suppe abschmecken und einige Minuten ziehen lassen. Aktivierten Buchweizen vor dem Aufkochen hinzugeben, Buchweizensprossen erst, wenn die Suppe zieht, oder du garnierst sie damit.

„Add in"-Tipp

Erbsen, grüner Spargel, grüne Bohnen, Brokkoli ...
saisonal, regional und natürlich nach deinem
persönlichen Geschmack.

QUE RICO!-SUPPE
mit Bohnen- oder Linsenprossen

Que rico! ist spanisch und heißt: „Wie lecker!" Dieses Rezept ist inspiriert von meiner Zeit in Mexiko und vereint das Leckerste, was die „Latino"-Küche zu bieten hat.

Für 6 bis 8 Portionen

1 kleine Zwiebel, fein gewürfelt

½–1 EL Kokosöl

2–4 Knoblauchzehen, auf einer Knoblauchreibe fein gerieben

1 rote Paprikaschote

1 Süßkartoffel

1 mittelgroße Zucchini

2 TL Suppenwürze-Pulver

½–1 EL gemahlener Kreuzkümmel

½ EL gemahlener Koriander

je 1 EL Paprikapulver und Kokosblütenzucker

1 EL naturtrüber Apfelessig

1 reife Tomate, in kleine Stücke geschnitten, oder 8–10 Cocktail-Tomaten, geviertelt

1 Glas Mais (ca. 200 g)

1½–2 Liter Wasser (nach Bedarf)

schwarzer Pfeffer und 1 Prise Cayennepfeffer (wahlweise) zum Abschmecken

3–4 Handvoll schwarze oder rote Adzukibohnen-sprossen oder Linsensprossen nach Wahl (Vorbereitung siehe Seite 7 ff.)

ein paar Blättchen Koriandergrün zum Anrichten

1 Die Zwiebelwürfel unter Rühren in Kokosöl glasig andünsten. Den Knoblauch dazugeben und mit dünsten.

2 Die Paprikaschote von Kernen und weißen Innenhäuten befreien und wie die geschälte Süßkartoffel und die Zucchini in kleine Würfel bzw. Stücke schneiden. Das Gemüse in den Topf geben und etwa 5 Minuten anbraten.

3 Nun Suppenwürze, Kreuzkümmel, Koriander und Paprikapulver 3 Minuten mit anrösten.

4 Das Gemüse mit dem Kokosblütenzucker karamellisieren, mit Apfelessig ablöschen und dann die Tomatenstücke und den abgetropften Mais untermischen. Nach etwa 1 Minute das Wasser dazugießen und die Suppe im geschlossenen Topf etwa 5 bis 10 Minuten köcheln lassen. Anschließend abschmecken und noch einige Minuten ziehen/abkühlen lassen.

5 **Servieren** Die Suppe mit Adzukibohnen-sprossen und Koriander dekoriert servieren.

Die heilsame Wirkung

Adzukibohnensprossen enthalten 20 bis 25 Prozent Eiweiß, wertvolle Bioflavonoide, Vitamine (vor allem A, B, C und E), Mineralstoffe, Spurenelemente (wie Eisen, Kalium, Kalzium) und natürlich Enzyme. Sie helfen bei Nierenerkrankungen, fördern die Funktion der Milz, wirken darmreinigend, verdauungsfördernd, entzündungshemmend, krebsvorbeugend, stärken das Bindegewebe u. v. m.

SÜSSER SOMMERSALAT

mit Rotklee- oder Alfalfasprossen und aktivierten Pekannüssen

Eines ist sicher: So bunt und süß isst jedes Kind liebend gern Salat und Sprossen! Das Bananen-Kokos-Dressing ist schnell zubereitet und harmoniert bestens mit den leckeren Sprossen, den bunten Nektarinen, Beeren und aktivierten Pekannüssen.

Für 2 Portionen

einige frische, knackige Salatblätter
1–2 Nektarinen
2 Handvoll Blaubeeren
1 Handvoll Himbeeren (wahlweise)
2 Handvoll Rotklee- oder Alfalfasprossen
    (Vorbereitung siehe Seite 7 ff.)
2 Handvoll aktivierte Pekannüsse
    (Vorbereitung siehe Seite 7 f.)

Bananen-Kokos-Dressing

1 große reife Banane
3 EL Kokosmus
2 EL Zitronensaft
1 Tropfen ätherisches Zitronenöl (wahlweise)
etwa 150 ml Wasser
1 Prise Ursalz (wahlweise)

Utensilien und Geräte

Mixer

1 Die Salatblätter in mundgerechte Stücke zerpflücken, die Nektarine entkernen und klein würfeln.

2 **Dressing** Die Banane grob in Stücke brechen. Anschließend alle Zutaten im Mixer cremig pürieren.

3 **Servieren** Alle Salatzutaten nach Belieben in einem Glas schichten und das Dressing direkt über den Salat gießen. Fertig.

Lifestyle-Tipp

Fülle den Salat-to-Go in ein Einmachglas und das Dressing in ein weiteres kleines Gläschen ... und gehe mit ihnen in die Welt hinaus ... oder einfach nur ins Büro. Genieße den Salat beim Picknick im Park oder als Mittagessen unterwegs. Versüße dir dein Leben!

GLÜCKSSALAT

mit Rotkleesprossen und aktivierten Mandeln

Dieser Salat wirkt aufmunternd, macht gesund, glücklich und satt! Die milden und leicht nussigen Kleesprossen harmonieren perfekt mit den fruchtig-frischen Erdbeeren, den aktivierten Mandeln und dem aromatischen Dressing. Avocado gibt deinen Mitochondrien Power. Ein ideales Gericht, besonders für Neulinge im Land der Sprossen.

Für 2 Portionen

2 Handvoll Babyspinat
1 reife Avocado, entkernt
2 Handvoll Rotkleesprossen
    (Vorbereitung siehe Seite 7 ff.)
10 reife Erdbeeren
1 Handvoll aktivierte Mandeln
    (ohne Haut; Vorbereitung siehe Seite 7 f.)
abgeriebene Schale von einer Bio-Orange oder
    -Zitrone und Balsamico oder Balsmicocreme
    (wahlweise) zum Anrichten

Dressing

2 EL Mandelmus
1 Tropfen ätherisches Zitronenöl (wahlweise)
4 EL frischer Orangen- und/oder Zitronensaft
etwa 120 ml Wasser
Suppenwürze- (oder Schroth-Gewürz; siehe Bezugs-
    quellen, Seite 62) und schwarzer Pfeffer
    zum Abschmecken

1 Den Babyspinat kreisförmig auf einem Teller auslegen. Die Kleesprossen daraufsetzen. Die Erdbeeren halbieren oder vierteln und zusammen mit den aktivierten Mandeln am Rand anrichten.

2 **Dressing** Die Zutaten in einer Schüssel cremig rühren. Je nach gewünschter Konsistenz mehr oder weniger Wasser bzw. Saft verwenden.

3 **Servieren** Die Avocado halbieren, entkernen und das Fleisch beider Hälften der Länge nach in dünne Scheiben schneiden, daraus je eine Rosenblüte gestalten und diese in der Mitte des Sprossenbettes platzieren. Das Dressing auf dem Salat verteilen. Etwas Orangen- und/oder Zitronen-schale darüberraspeln, das Ganze mit Balsamico oder -creme beträufeln.

Die heilsame Wirkung

Kleesprossen haben's in sich: Sie fördern das allgemeine Wohlbefinden, wirken entzündungshemmend, zellschützend sowie blutreinigend und hemmen das Wachstum von Krebszellen. Ihr Phytoöstrogen lindert Menstruations- und Wechseljahresbeschwerden und reguliert den Hormonhaushalt, wovon Männer und Frauen profitieren.

PASTA FRESCA

aus Salatgurken mit einem Sprossenmix

Dieser sommerliche Sprossengenuss gibt den ultimativen Frische-Kick. Ein leichtes Gericht, das überraschend gut sättigt und Energie für den Tag schenkt.

Für 2 Portionen

1–2 Salatgurken
2 Handvoll Sprossen (95 % vom Violetten Klee und
*   5 % Radieschen; Vorbereitung siehe Seite 7 ff.)*
4 EL Bliss Ch´Ease-Quark (siehe Seite 36)
2 EL Basilikum-Pesto
2 EL frischer Zitronensaft
10 dunkle Oliven, 4 EL aktivierte Zedernkerne
*   (Vorbereitung siehe Seite 7 f.), 2 TL Suppenwürze-*
*   Pulver (oder Schroth-Gewürz; siehe Bezugsquellen,*
*   Seite 62) und ein paar Basilikumblättchen*
*   zum Anrichten*

Utensilien und Geräte
Sparschäler

1 **Gurken-Tagliatelle** Die geschälten Gurken mit dem Sparschäler der Länge nach zu Bandnudeln schneiden.

2 **Servieren** Die Tagliatelle auf die Teller geben und die Sprossen mittig daraufsetzen. Mit *Bliss Ch´Ease*-Quark, Pesto, frischem Zitronensaft und Basilikum toppen und mit Oliven und aktivierten Zedernkernen garnieren. Etwas Suppenwürze-Pulver darüberstreuen und genießen.

Die heilsame Wirkung

Zedernkerne, auch „Perlen des sibirischen Waldes" genannt, sind sehr nahrhaft. Sie sind reich an Spurenelementen und Mineralstoffen (wie Zink, Magnesium, Eisen, Kalzium, Kalium, Jod, Mangan und Kobalt), Vitaminen (vor allem E und B), Phytonährstoffen wie Phosphatiden (Lecitin) und der Pinol-/Pinolensäure sowie ungesättigten Fettsäuren und enthalten mehr als neunzehn verschiedene Aminosäuren. Diese Kerne sind wahres

Brainfood, wirken Stress reduzierend, lindern Müdigkeit und erhöhen die körperliche und geistige Leistungs-fähigkeit. Sie stärken sowohl das Immunsystem als auch die Funktion von Leber, Galle und Darm und den Fettstoffwechsel. Zedernkerne unterstützen die Wundheilung und fördern die Gesundheit von Haut, Nägeln, Haar und Knochen. Sie haben eine heilende Wirkung bei Allergien, wirken zellschützend, verjüngend und steigern die Potenz.

SCHUTZENGERL-SALAT
mit Brokkolisprossen

Lasse die Sprossen deine Schutzengel sein: Diese Salatmischung steckt voller heilender Zutaten und kann dein behütender Begleiter sein – für Gesundheit, Ganzheit und Glückseligkeit!

Für 2 Portionen

Fleisch von 1 reifen Avocado
2 kleine gelbe oder rote Tomaten
2–3 Handvoll Brokkolisprossen oder ein Sprossenmix nach Wahl (Vorbereitung siehe Seite 7 ff.)
6 EL Sauerkraut
etwas frischer Oregano und Thymian
2 Rotkohlblätter zum Anrichten

Vinaigrette

5 EL Olivenöl
3 EL naturtrüber Apfelessig
1 EL Senf
1 Knoblauchzehe Ajo Negro, fein gehackt
1–2 TL Suppenwürze-Pulver (oder Schroth-Gewürz; siehe Bezugsquellen, Seite 62)
½ TL Kurkumapulver
etwas schwarzer Pfeffer (nach Geschmack)

etwas ungemahlener Schwarzkümmel (nach Geschmack)
etwas Wasser (Menge nach Bedarf)

1 Das Avocadofleisch beliebig klein schneiden und die Tomaten von den grünen Teilen befreien, dann achteln.

2 Vinaigrette Das Olivenöl mit Apfelessig und Senf cremig rühren. Anschließend die restlichen Zutaten hinzufügen und alles gut abschmecken. Je nach gewünschter Konsistenz etwas Wasser dazugeben.

3 Servieren Die Salatzutaten dekorativ in den Rotkohlblättern auf einem Teller servieren. Die Vinaigrette gleichmäßig über den Salat gießen.

Die heilsame Wirkung

In 1 Handvoll **Brokkolisprossen** stecken mehr Vitalstoffe als in 1½ Kilogramm Brokkoligemüse. Zudem enthalten diese Wunderlebensmittel den sekundären Pflanzenstoff Sulforaphan in hoher Bioverfügbarkeit, ein starkes Antioxidans, das entzündungshemmend wirkt, das Immunsystem stärkt und sogar Krebs vorzubeugen vermag.

HIMMLISCHER HERBSTSALAT
mit aktivierten Walnüssen und einem Sprossenmix

Wow, was für ein sinnliches und wohltuendes Geschmackserlebnis! Dieser Salat schmeckt süß-lich und leicht herb und punktet durch seine Farbenpracht, Einfachheit und schnelle Zubereitung.

Für 2 Personen

1 reife Birne
6 reife Feigen
ca. 12 aktivierte Walnusshälften
   (Vorbereitung siehe Seite 7 f.)
2 Handvoll gemischter Pflücksalat
1 Handvoll Rucola
2 Handvoll Sprossen (80 % vom Violetten Klee,
   15 % Raps, 5 % Rettich; 4–7 Tage gekeimt;
   Vorbereitung siehe Seite 7 ff.)

Dressing
4 EL Traubenkernöl
2 EL Feigenkaktusessig

2 EL frischer Zitronensaft
etwas schwarzer Pfeffer und Ursalz zum Abschmecken

1 Birne ohne Kerngehäuse und die Feigen klein schneiden.

2 **Dressing** Alle Zutaten gut verrühren.

3 **Servieren** Auf dem Teller ein Bett aus Salat und Rucola anrichten, die Sprossen mittig darauf platzieren und die restlichen Zutaten dekorativ darauf anrichten. Das Dressing über den Salat träufeln.

Die heilsame Wirkung

Aktivierte Walnüsse sind ein idealer Fleischersatz, wertvoller Energielieferant und ein wichtiger Baustein für eine herzgesunde, körperbewusste Ernährung. Studien bestätigen, dass sie nicht nur unsere geistige Leistungs-fähigkeit ankurbeln, sondern auch lebensverlängernd wirken und vor Krebs schützen können. Ihre Gerbstoffe gelten als Naturheilmittel – vor allem bei Hautproblemen wie Akne und Ekzemen.

BLISS CH'EASE-QUARK

aus aktivierten Cashewkernen

Geschmack und Konsistenz dieses schnell zubereiteten Allrounders erinnern mich an Quark. Ich verwende ihn für Salate, Saucen, Brote und Müslis oder genieße ihn einfach so. Mit etwas Zitronensaft wird daraus ein pflanzlicher Sauerrahm.

Für 1 großes Glas

250 g Cashewkerne, in 300 ml Wasser aktiviert
(Vorbereitung siehe Seite 7 f.)
2 EL Kokosmus (wahlweise)
etwas Wasser (bei Bedarf)
1–2 TL probiotische Bakterienkulturen
(siehe Bezugsquellen, Seite 62)

Utensilien und Geräte
Hochleistungsmixer

1 Die Cashewkerne mit dem Einweichwasser und dem Kokosmus im Mixer cremig pürieren. Bei Bedarf noch ein wenig Wasser hinzufügen.

2 Die Bakterienkulturen in die Cashewmilch hineinrühren.

3 Die Masse nun in ein Glas geben, dieses mit einem Küchentuch abdecken und an einen relativ warmen Platz (bis maximal 40 °C; aber nicht in die Sonne) zum Fermentieren stellen. Je wärmer es ist, umso schneller fermentiert die Masse. Stellst du das Glas in oder auf deinen Dörrapparat, ist der Frischkäse schon in etwa 6 Stunden fertig, bei Zimmertemperatur braucht er 12 bis 48 Stunden.

Die heilsame Wirkung
Cashewkerne enthalten 50 Prozent Fett, sind reich an Vitamin E und ein wertvoller Lieferant von Magnesium und Zink. Was bei diesem Rezept so wertvoll ist, ist die Fermentierung. So werden Antinährstoffe (siehe Seite 7) reduziert und Bakterien kultiviert, die Verdauung und Darmgesundheit fördern und das Immunsystem stärken.

BLISS CH´EASE-DIP

mit aktivierten Sonnenblumenkernen, Leinsamen & gekeimtem Buchweizen

Dieser Dip ist überraschend lecker, easy und schnell gemacht. Genießen kannst du ihn auf frischen Gurkenscheiben mit Kräutern zum Frühstück oder als Dip mit Veggie-Sticks ...

Für 4 bis 6 Portionen

Bliss Ch´Ease-Quark (½ der Menge des Rezeptes von Seite 36)
1 Handvoll aktivierte Sonnenblumenkerne oder Sonnenblumensprossen (Vorbereitung siehe Seite 7 ff.)
1 Handvoll aktivierter Buchweizen oder Buchweizensprossen (Vorbereitung siehe Seite 7 ff.)
2–4 EL aktivierte Leinsamen (Vorbereitung siehe Seite 7 f.)
Salz und schwarzer Pfeffer zum Abschmecken
½ Salatgurke, in ca. ½ cm dicke Scheiben geschnitten; Radieschen, in dünne Scheiben geschnitten; Avocadostücke, frische Kräuter nach Wahl (Petersilie, Schnittlauch etc.), Radieschensprossen (Vorbereitung siehe Seite 7 ff.), 1 EL Suppenwürze-Pulver (oder Schroth-Gewürz; siehe Bezugsquellen, Seite 62) ... zum Anrichten

1 Alle Zutaten (außer denen zum Anrichten) in einer Schüssel gut verrühren.

2 Servieren Den Dip auf Gurkenscheiben geben, mit Radieschenscheiben, Avocadostücken, Kräutern, Radieschensprossen und Suppenwürze-Pulver bestreut genießen.

Tipps

Der Aufstrich hält sich im Kühlschrank 2 Tage.

Am besten, du hast stets frischen Bliss Ch´Ease-Quark im Kühlschrank. Weiche Buchweizen am Abend ein und lasse ihn über Nacht (8 bis 24 Stunden) keimen. Sonnenblumenkerne und Leinsamen werden einfach nur eingeweicht (siehe Tabelle „Aktivierungs- und Keimzeiten", Seite 13) und schon sind die Kraftpaket-Zutaten für den Dip fertig.

Gib dem Dip deine eigene Note: mit Gewürzen und (Wild-)Kräutern. Serviere ihn, wenn Freunde zu Besuch kommen, nimm ihn mit ins Büro, in die Schule oder genieße ihn als Snack unterwegs oder auf Wanderungen.

SONNENBLUMEN-PAPRIKA-DIP IM SEGELBOOT

mit aktivierten Sonnenblumenkernen oder -sprossen

Dieser wunderbare Dip ist ein eiweißreicher Energiespender. Er sättigt, ohne müde zu machen, und hat einen deutlichen „Umami"-Geschmack. Herrlich auch als Aufstrich, Füllung oder in Salaten.

Für 4 bis 6 Portionen

3–4 Handvoll aktivierte Sonnenblumenkerne oder Sonnenblumensprossen (Vorbereitung siehe Seite 7 ff.)

6–8 sonnengetrocknete Tomatenhälften in Öl, grob in Stücke geschnitten

3 EL Olivenöl

2 EL naturtrüber Apfelessig

1 TL Suppenwürze-Pulver (oder Schroth-Gewürz; siehe Bezugsquellen, Seite 62)

1 EL edelsüßes Paprikapulver

1–2 TL Bio-Grillgewürz

½ rote Zwiebel, fein gewürfelt

Knoblauchpulver, schwarzer Pfeffer und (Rauch-)Salz zum Abschmecken

2 große oder 6–8 Mini-Paprikaschoten und 10–20 Cocktailtomaten zum Anrichten

Utensilien und Geräte

Küchenmaschine oder Mixer, Zahnstocher

1 Alle Zutaten im Mixer oder in der Küchenmaschine kurz zerkleinern. Die Konsistenz sollte noch ein wenig stückig sein. Zum Schluss die Zwiebelwürfel dazugeben und alles noch einmal abschmecken und gut verrühren.

2 Servieren Die Paprikaschoten aushöhlen und mit dem Dip füllen. Die Cocktailtomaten auf einen Zahnstocher spießen und wie ein Segel in das Paprikaboot setzen.

Tipps

Der Aufstrich ist in einem verschlossenen Glas im Kühlschrank 5 Tage haltbar.

Verwende geräuchertes Salz oder geräuchertes Paprikapulver für einen tollen Rauchgeschmack.

Die heilsame Wirkung

Sonnenblumenkerne, aktiviert oder gekeimt, sind kleine Kraftpakete. In nur 100 Gramm Sonnenblumenkernen steckt mehr Eiweiß als in einem Steak und sie sind eine exzellente Quelle für Kalzium, Magnesium, Selen, Phosphor und Vitamine (E, B_1, B_9, B_5, Biotin und D_2). Sie halten Haut und Knochen gesund, stärken Herz und Nerven, wirken basen- und blutbildend, zellaktivierend und steigern die geistige und physische Leistungsfähigkeit und die Fruchtbarkeit des Mannes.

BLISSGUACAMOLE

mit aktivierten Chiasamen

Als Brotaufstrich oder auf Polentaschnitten macht sich diese erfrischend-würzige Guacamole super! Eine tolle Idee für den Feier-Abend auf dem Balkon oder fürs Picknick am Wochenende. Dazu passen rohköstliche Tortilla-Chips, rohe Süßkartoffel-Sticks und Cracker perfekt.

Für 2-4 Portionen

Fleisch von 2–3 reifen Avocados
½ rote Zwiebel
½–1 reife Tomate
1–2 EL Olivenöl
1 EL frischer Limetten- oder Zitronensaft
½ TL naturtrüber Apfelessig
1–2 TL Suppenwürze-Pulver (oder Schroth-Gewürz;
*   siehe Bezugsquellen, Seite 62)*
schwarzer Pfeffer und 1 Prise Cayennepfeffer
*   (wahlweise) zum Abschmecken*
1 Bund frisches Koriandergrün
2–3 EL aktivierte Chiasamen
*   (Vorbereitung siehe Seite 7 f.)*

1 Das Avocadofleisch mit einer Gabel fein zerdrücken. Zwiebel und Tomate fein würfeln.

2 Alle Zutaten (außer Koriander und Chiasamen) gut mit dem Gemüse vermengen.

3 Das Koriandergrün fein hacken und zusammen mit den aktivierten Chiasamen unter die Guacamole mischen.

4 Nach Belieben abschmecken und servieren. Die Guacamole ist im Kühlschrank 1 Tag haltbar.

Die heilsame Wirkung

Chiasamen wirken reinigend und entgiftend. Sie helfen, Giftstoffe bzw. Schwermetalle aus dem Körper abzutransportieren. Außerdem liefern sie Omega-3-Fettsäuren, wirken entzündungshemmend und versorgen die Zellen mit Energie. *Wichtig*: In nicht aktivierter Form kann unser Körper nur etwa 6 Prozent der enthaltenen Nährstoffe aufnehmen.

FLOWER POWER CURRY
mit aktivierter bunter Quinoa

Ein wärmendes, nährendes Gericht erwartet dich! Das würzige Blumenkohl-Kokosnuss-Curry überrascht mit seiner leicht säuerlich-süßen Cranberry-Note und dem erfrischenden Geschmack von Koriandergrün, eingebettet in nussiger Quinoa.

Für 4 Portionen

Quinoa

200 g weiße, rote und schwarze aktivierte Quinoa-samen (Vorbereitung siehe Seite 7 f.)
1 EL Suppenwürze-Pulver
400 ml Wasser

Flower Power Curry

1 kleine Zwiebel, fein gewürfelt
etwas Kokosöl
1–2 Knoblauchzehen, auf einer Knoblauchreibe fein gerieben
1 EL Suppenwürze-Pulver
1 TL ungemahlener Kreuzkümmel
2–3 EL Currypulver
½ Blumenkohl, in mundgerechte Röschen zerteilt
250 ml Kokosmilch
1 Handvoll getrocknete Cranberrys
2 EL frisch gepresster Limettensaft
1 Bund Koriandergrün
ein paar Korianderblättchen und 1 Handvoll Kokos-raspel zum Anrichten

1 **Quinoa** Das Wasser, die aktivierten Quinoa-samen und die Suppenwürze bei mittlerer Hitze etwa 10 Minuten im geschlossenen Topf köcheln lassen. Vom Herd nehmen und im geschlossenen Topf noch ein paar Minuten ziehen lassen, bis das Curry fertig ist.

2 **Curry** Die Zwiebelwürfel unter Rühren in einer Pfanne in Kokosöl andünsten. Den Knoblauch hinzufügen und mit andünsten. Wenn die Zwiebel-stücke glasig sind, Suppenwürze, Kreuzkümmel und Currypulver hinzufügen und etwa 3 Minuten mit anrösten. Den Blumenkohl ebenfalls in die Pfanne geben und 2 bis 3 Minuten abraten, das Ganze mit Kokosmilch ablöschen und aufkochen lassen. Da-nach die Hälfte der Cranberrys und den Limetten-saft unterrühren. Das Curry abschmecken.

3 **Servieren** Koriandergrün hacken und vor dem Servieren unter das Curry rühren. Die Quinoa in dekorative Schüsseln füllen, das Curry daraufgeben, das Ganze mit den restlichen Cranberrys, Koriander-blättchen und Kokosraspeln dekoriert genießen.

Die heilsame Wirkung

Quinoa wirkt harmonisierend und energetisierend und wird vor allem in Latein- und Südamerika seit Jahrtausenden als eines der wichtigsten Lebens- und Heilmittel verehrt. Quinoasprossen sind voller Nährstoffe – enthalten bis zu 15 Prozent Protein (alle essenziellen Aminosäuren), leicht verdauliche Kohlenhydrate ohne Gluten, zahlreiche Vitamine (A, B_2, C und E), Mineralstoffe (Eisen, Kalzium, Magnesium und Zink) und Flavonoide (Quercetin und Kampferol). Quinoa wirkt also antioxidativ, entzündungshemmend, antiviral, krebsvorbeugend und hat sogar eine antidepressive Wirkung. Durch ihren niedrigen glykämischen Index beeinflusst sie den Blutzuckerspiegel positiv.

WONDER-WRAPS
aus aktiviertem Buchweizen mit farbenfroher Füllung

Wraps ohne tierische oder Ersatzprodukte, ja sogar ganz ohne Mehl und Gluten, Low-Carb — leicht und schnell zubereitet … und das in verschiedenen Farben!

Für etwa 8 Wraps

Wraps

*200 g Buchweizen, in ½ l Wasser aktiviert
    (Vorbereitung siehe Seite 7 f.)
100–200 ml lactofermentierter Rote-Bete-Saft
1 EL Suppenwürze-Pulver
1 EL Mandelmus (wahlweise)
1–2 TL Kreuzkümmel (wahlweise)
etwas Kokosöl zum Anbraten
etwas Wasser (nach Bedarf)*

Sauce

*4 EL Bliss Ch´Ease-Quark (siehe Seite 36)
1 TL Suppenwürze-Pulver (oder Schroth-Gewürz;
    siehe Bezugsquellen, Seite 62)
je 1–2 EL naturtrüber Apfelessig und Olivenöl
1–2 Knoblauchzehen Ajo Negro, auf einer
    Knoblauchreibe fein gerieben
etwas frisch geriebener Meerrettich
    (nach Geschmack)
etwas Wasser (nach Bedarf)*

Füllung

*klein geschnittener Salat nach Wahl, neutrale Sprossen
    nach Wahl (z. B. Alfalfasprossen oder Rotklee;
    Vorbereitung siehe Seite 7 ff.); aktivierte Pistazien
    (Vorbereitung siehe Seite 7 f.); Avocado-, Arti-
    schocken-, Spargelstücke (letztere kurz angebraten/
    karamellisiert); geraspelte lactofermentierte
    Rote Bete …*

Utensilien und Geräte

Hochleistungsmixer

1 Wraps Buchweizen mit dem Einweichwasser und den restlichen Wrap-Zutaten in einem Hochleistungsmixer cremig pürieren. Gegebenenfalls etwas mehr Wasser hinzufügen.

2 Pfanne mit Kokosöl einpinseln. Wenig Teig in die heiße Pfanne geben, die Pfanne kreisförmig bewegen und den Teig so gleichmäßig verteilen. Wrap dünn ausbacken, dann wenden. Alle Wraps auf diese Weise zubereiten.

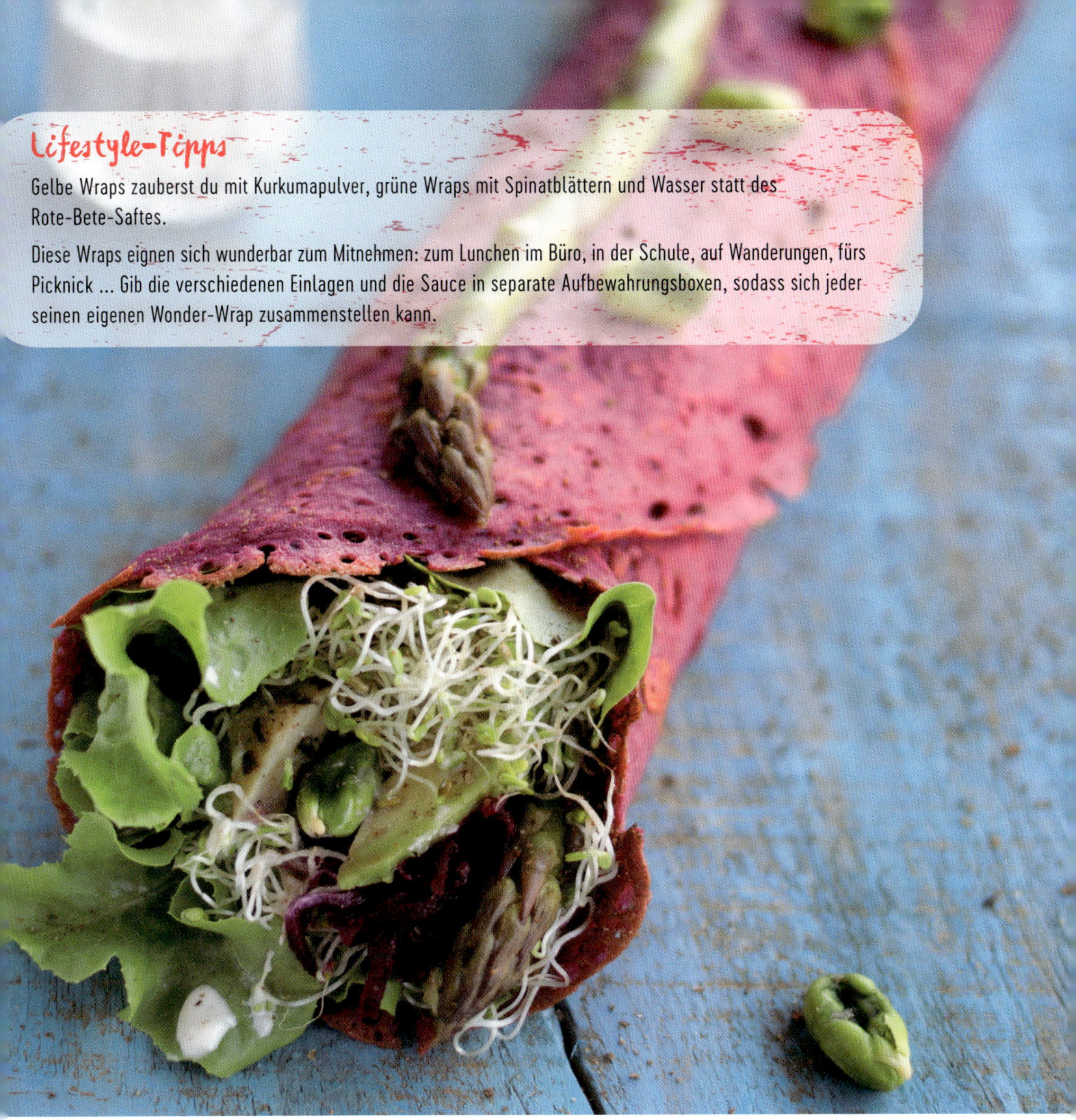

Lifestyle-Tipps

Gelbe Wraps zauberst du mit Kurkumapulver, grüne Wraps mit Spinatblättern und Wasser statt des Rote-Bete-Saftes.

Diese Wraps eignen sich wunderbar zum Mitnehmen: zum Lunchen im Büro, in der Schule, auf Wanderungen, fürs Picknick ... Gib die verschiedenen Einlagen und die Sauce in separate Aufbewahrungsboxen, sodass sich jeder seinen eigenen Wonder-Wrap zusammenstellen kann.

3 Sauce Alle Zutaten für die Sauce in einer kleinen Schüssel verrühren.

4 Servieren Die Wraps füllen, mit der Sauce beträufeln und zusammenrollen..

SOEUR DU COEUR
mit aktivierter Hirse und Linsensprossen

Das französische *Soeur du Coeur* bedeutet „Herzensschwester". Dieses Rezept ist meiner besten Freundin gewidmet. Nimm dir bewusst Zeit, um es mit deinen Liebsten zu genießen!

Für 4 Portionen

Hirse-Linsen-Mischung

1 Zwiebel, fein gewürfelt
etwas Kokosöl
2 EL Suppenwürze-Pulver
je 100 g geschälte, aktivierte Goldhirse (Vorbereitung
   siehe Seite 7) und orangefarbene und/oder gelbe
   aktivierte Linsen oder 3–4 Handvoll Linsensprossen
   (Vorbereitung siehe Seite 7 ff.)
etwas gemahlener Kardamom, gemahlene Muskat-
   nuss, gemahlener Zimt zum Abschmecken
4–5 mittelgroße Karotten, fein geraspelt
750 ml–1 l Wasser (nach Bedarf)
2 EL weißes Mandelmus
einige aktivierte Mandeln (ohne Haut; Vorbereitung
   siehe Seite 7 f.) und einige Safranfäden zum
   Anrichten

Sauce

4 EL Bliss Ch´Ease-Quark (siehe Seite 36) oder
   2 Esslöffel Mandel- bzw. Cashewmus
6 EL Wasser (nach Belieben)
1 TL Suppenwürze-Pulver

Utensilien und Geräte
Gemüsehobel

1 Die Zwiebelwürfel in Kokosöl andünsten, bis sie glasig werden.

2 **Hirse-Linsen-Mischung** Suppenwürze, aktivierte Hirse, aktivierte Linsen bzw. Linsen-sprossen und Gewürze dazugeben und 3 bis 4 Minuten mit anbraten. Die Karotten raspeln, hin-zufügen und das Wasser dazugießen. Im geschlos-senen Topf 12 bis 15 Minuten garen. Danach das Mandelmus einrühren, gegebenenfalls noch etwas Wasser hinzufügen. Das Ganze abschmecken und noch ein paar Minuten ziehen lassen.

3 **Sauce** Die Zutaten für die Sauce in einer kleinen Schüssel gut verrühren.

4 **Servieren** Die Hirse-Linsen-Mischung in Schüsseln anrichten, mit der Sauce beträufeln, mit aktivierten Mandeln und etwas Safran deko-rieren und genießen.

Die heilsame Wirkung

Hirse, im Volksmund auch als „das fröhliche Getreide" bezeichnet, gilt als eine uralte Heilpflanze, die bei Schlaf-störungen und Depressionen helfen soll. Goldhirse ist geschält (im Vergleich zur Braunhirse) und kann deshalb nur aktiviert und nicht weiter gekeimt werden. Sie ist glutenfrei, leicht bekömmlich und sehr nährend. Hirse liefert reichlich Magnesium, Eisen, Kupfer, Beta-Carotin, diverse B-Vitamine und Kieselsäure. Das goldene Korn wirkt aufbauend, blutbildend, antiviral, antibakteriell, entzündungshemmend, schützt die Darmschleimhaut, stärkt die Funktion der Muskeln, Nerven und Konzentration; sorgt für schönere Haut, Haare und stärkere Nägel und hilft bei Bindegewebsschwäche, Gefäßerkrankungen, Müdigkeit und Vergesslichkeit.

BLISSDATES raw

mit aktivierten Mandeln

Das ist die leckerste und gesündeste Süßigkeit der Welt: Die Kombination aus aktivierten Mandeln und Medjool-Datteln ist einfach ein Traum! BlissDates schmecken fast besser als Marzipan. Ein Hit für unsere Kinder und das Kind in uns!

Für 10 Bonbons

10 Medjool-Datteln, ohne Kern
15–20 aktivierte Mandeln (mit oder ohne Haut;
  Vorbereitung siehe Seite 7 f.)

1 Die Datteln der Länge nach auf-, allerdings nicht ganz durchschneiden.

2 Je nach Größe und Belieben 1 bis 3 aktivierte Mandeln hineingeben und die Dattel wieder zuklappen.

Tipps

BlissDates halten sich im Kühlschrank etwa 18 Stunden.

Also hast du ab jetzt BlissDates auf Lager – dein Ass im Ärmel! Wickle sie in Backpapier ein und mache daraus Bonbons. Auf die Innenseiten kannst du einen Spruch, ein kleines Gedicht oder ein Motto schreiben … Das sieht super aus und es macht einfach Spaß, sie auszupacken. Diese Bonbons der besonderen Art sind der absolute Renner, ganz gleich ob auf Kindergeburtstagen, als Welcome-Überraschung, als einfache, schnelle Nachspeise oder als Snack zwischendurch.

ANGIS APFELSALAT
mit aktivierten Mandeln

Ein herzerwärmendes Rezept für die ganze Familie. Die Äpfel harmonieren bestens mit den wohl-tuenden Gewürzen, den süßen Rosinen und den knackigen aktivierten „Munteren Mandeln".

Für 2 bis 4 Portionen

6 Äpfel
etwas frischer Zitronensaft (nach Bedarf)
2 Handvoll aktivierte Mandeln (mit oder ohne Haut;
*   Vorbereitung siehe Seite 7 f.)*
1 Handvoll Rosinen
etwas gemahlener Zimt (nach Geschmack)
2–3 Prisen gemahlene Nelken
1 Sternanis oder 1–2 Prisen gemahlener Anis
ein paar Rosinen, aktivierte Mandeln (ohne Haut;
*   Vorbereitung siehe Seite 7 f.) und 2 Sternanis*
*   zum Anrichten*

Utensilien und Geräte
Gemüsehobel

1 Die ungeschälten Äpfel mit einem Hobel raspeln und sofort mit frischem Zitronensaft beträufeln. Die Hälfte der aktivierten Mandeln in kleine Stück-chen oder Scheiben schneiden und zusammen mit den restlichen aktivierten Mandeln, den Rosinen und den Gewürzen unter die geraspelten Äpfel mischen. Das Ganze einige Minuten ziehen lassen.

2 **Servieren** Den Apfelsalat nochmals gut ver-mengen, anrichten und genießen.

Lifestyle-Tipps

Ganz gut macht sich hier auch eine Gewürz-mischung wie Lebkuchengewürz.

Bereite diesen Apfelsalat gemeinsam mit der Familie oder mit Freunden zu. So wird er zu einem Erlebnis.

In 2 bis 4 ganzen, ausgehöhlten Äpfeln serviert, isst das Auge gern mit.

Und: Wer den in der Masse verarbeiteten Stern-anis findet, darf sich etwas wünschen!

FRISCHES BLISSMÜSLI
mit einem aktivierten Samenmix und Buchweizensprossen

Dieses Müsli muss nicht gedörrt werden. Sparen wir uns doch die lange Zubereitungszeit und kommen gleich auf den Punkt. Genießen wir die kleinen Sprossen-Kraftpakete frisch aus dem Sprossenglas. Vitaler, praktischer und einfacher geht's nicht!

Für 2 Portionen

2–3 Handvoll Buchweizensprossen (Vorbereitung
siehe Seite 7 ff.)
1–2 Handvoll aktivierte Sonnenblumenkerne oder
Sonnenblumensprossen (Vorbereitung siehe
Seite 7 ff.)
3–4 EL aktivierte Leinsamen und/oder Chiasamen
(Vorbereitung siehe Seite 7 f.)
1 Handvoll aktivierte Mandeln (mit oder ohne Haut;
Vorbereitung siehe Seite 7 f.)
etwas Vanillepulver (nach Geschmack)
1 Handvoll Rosinen oder Dattelstücke (wahlweise)
1 EL Kokosblütenzucker (wahlweise)
1 EL Mandelmus (wahlweise)
1 Tropfen ätherisches Zitronenöl (wahlweise)
etwas BlissMilk (siehe Seite 19) oder Smoothie
(siehe Seite 16 ff.; beide nach Geschmack)
Früchte und Beeren der Saison sowie Minzblättchen
zum Anrichten

1 Alle Zutaten (außer der BlissMilk und den Früchten) in einer Schüssel vermischen und mit der Hand ein wenig verkneten, sodass sich eine leicht „breiige" Masse ergibt.

2 **Servieren** BlissMilk oder Smoothie in die Schüsselchen geben, das BlissMüsli daraufsetzen und mit frischen Früchten genießen.

Tipps

Das Müsli ist im Kühlschrank 1 bis 2 Tage haltbar.

Liegt eine große sportliche Herausforderung vor dir? Oder steht eine große Prüfung in Studium oder Beruf an, in der geistige Leistungsfähigkeit, Konzentration und Nervenstärke gefragt sind? Oder möchtest du einfach fit und voller Energie in den Tag starten und ihn mit Bravour meistern? Auf das BlissMüsli kannst du dich verlassen! Es ist Powerfood, brillantes Brainfood und stellt Studentenfutter weit in den Schatten.

ERDBEER-MANGO-BLISSPUDDING

mit aktivierten weißen Chiasamen und Mandeln

Als köstliches Frühstück oder als stärkender Nachmittagssnack: Dieser Pudding ist ein Energielieferant erster Klasse mit Gourmet-Faktor.

Für 2 bis 4 Portionen

500 ml BlissMilk (siehe Seite 19)
5 EL weiße aktivierte Chiasamen
    (Vorbereitung siehe Seite 7 f.)
etwas Bourbonvanillepulver (nach Geschmack)
1–2 Tropfen ätherisches Zitronenöl (wahlweise)
einige getrocknete Mangostücke, in kleine Stücke
    geschnitten
2 EL getrocknete Datteln oder Maulbeeren,
    in kleine Stücke geschnitten
etwas Kokosblütenzucker (wahlweise,
    nach Geschmack)
etwas Kokosraspel (wahlweise, nach Geschmack)
1 Handvoll aktivierte Mandeln (mit oder ohne Haut;
    Vorbereitung siehe Seite 7 f.)
250 g Erdbeeren
Kokosraspel, frische Pfefferminz- oder Melissenblätter
    (wahlweise) und abgeriebene Schale von einer
    Bio-Zitrone zum Anrichten

1 BlissMilk und Chiasamen mit einem Schneebesen in einer Schüssel verrühren, Vanille und Zitronenöl und danach Mango- und Dattelstücke bzw. Maulbeeren sowie Kokosblütenzucker und Kokosraspel, wenn gewünscht, hineinrühren. Den Pudding mindestens 3 bis 4 Stunden bei Zimmertemperatur oder über Nacht bedeckt im Kühlschrank stehen lassen.

2 Die Hälfte der aktivierten Mandeln zerkleinern und unter den Pudding mischen.

3 Servieren Die Erdbeeren beliebig aufschneiden und mit dem Pudding in Schälchen anrichten. Mit ein paar Erdbeerscheiben und den restlichen Mandeln sowie Kokosraspeln und ggf. einem Minz- oder Melissenblättchen dekorieren, Zitronenschale darüberreiben und genießen.

Die heilsame Wirkung

Aktivierte Chiasamen versorgen unsere Zellen mit Energie, wirken aufbauend und gleichen unseren Blutzucker-spiegel aus! Sie gehören zu den besten Omega-3-Lieferanten, enthalten alle essenziellen Aminosäuren und stecken voller Vitamine (A, B_1, B_2 und B_3), Mineralstoffe (Eisen, Bor, Kalzium, Kalium, Phosphor, Zink) und Ballast-stoffe. Chiasamen haben eine entgiftende, darmheilende, entzündungshemmende, entschlackende und sättigende Wirkung, helfen bei Müdigkeit und gegen Heißhungerattacken.

AMARANTH-MANDEL-GRIES
mit aktiviertem Amaranth

Diese Köstlichkeit schenkt eine wärmende Kraft, die so manche Kindheitserinnerung erwecken kann und das Gefühl von Geborgenheit vermittelt. Fühl dich einfach aufgehoben!

Für 2 Portionen

150 g aktivierter Amaranth (Vorbereitung siehe Seite 7 f.)
etwa 500 ml Wasser (nach Bedarf)
2 EL Mandelmus
2–3 EL Kokosblütenzucker (nach Geschmack)
1 Prise Ursalz
1 reife Banane, ⅔ in kleine Stücke, ⅓ in dünne
    Scheiben geschnitten
Bananenscheiben, etwas Kokosblütenzucker, Vanillepulver und etwas Erdbeer-Chia-Fruchtmus
    (siehe rechte Seite) sowie 1 Melissen- bzw. Minzblatt zum Anrichten

1 Alle Zutaten (außer den Zutaten zum Anrichten) in einem Topf zum Kochen bringen und unter gelegentlichem Rühren 10 bis 15 Minuten zugedeckt köcheln lassen. Wenn nötig mehr Wasser dazugeben.

2 Die Bananenstückchen in den Gries hineinrühren, die Hitze reduzieren und den Gries noch einmal 10 bis 15 Minuten zugedeckt ziehen lassen.

3 **Servieren** Den Amaranth-Mandel-Gries mit Bananenscheiben, Kokosblütenzucker, Vanille und einem Klecks Fruchtmus genießen.

Die heilsame Wirkung

Amaranth ist ein Pseudogetreide, das seit mehr als 8000 Jahren angebaut wird. Die kleinen Kraftkörner enthalten relativ wenig Kohlenhydrate (nur 56 Prozent) und sehr viel Eiweiß (etwa 15 Prozent) plus alle essenziellen Aminosäuren, ganz ohne unerwünschte Inhaltsstoffe wie Gluten und allergieauslösende Histamine. Amaranth ist reich an Magnesium, Eisen, Kalzium und liefert zahlreiche Antioxidantien. Er hat eine entzündungshemmende, blutbildende, blutreinigende und blutstillende Wirkung, fördert die Gesundheit unserer Knochen, Haut und Haare, senkt den Cholesterinspiegel, verbessert die Verdauung und soll Krampfadern und Atherosklerose lindern.

ERDBEER-CHIA-FRUCHTMUS
mit aktivierten weißen Chiasamen

Eine rohköstliches vitales, zuckerfreies und erfrischendes Fruchtmus. Es muntert auf und versüßt uns das Leben. Doch Achtung, es besteht Suchtgefahr: Hast du es einmal probiert, willst du kein anderes mehr!

Für 1 Glas

2–3 Medjool-Datteln, ohne Kern
250 g reife Erdbeeren
3 EL weiße aktivierte Chiasamen (Vorbereitung
*   siehe Seite 7 f.)*
etwas Vanillepulver (nach Geschmack)
1 Tropfen ätherisches Zitronenöl oder 1 EL frischer
*   Zitronensaft (wahlweise)*

1 Die Datteln häuten und das Fruchtfleisch zusammen mit den Erdbeeren mit einer Gabel in einer Schüssel zerdrücken. Die restlichen Zutaten hinzufügen und alles gut vermischen.

2 Das Mus in ein verschließbares Glas füllen und mindestens 2 Stunden oder länger in den Kühlschrank stellen, sodass es fest wird.

Tipps

Das Fruchtmus hält sich im Kühlschrank 1 bis 3 Tage.

Es schmeckt am besten, wenn du es frisch zubereitest. Das geht im Handumdrehen, vor allem, wenn du bereits eingeweichte Chiasamen griffbereit hast. Du kannst auch andere Früchte und Beeren verwenden.

Das Mus ist die perfekte Marmelade, schmeckt lecker im Müsli oder zum schon ein wenig abgekühlten Amaranth-Mandel-Gries (siehe linke Seite).

ENERCHI-PRALINEN
mit aktivierten Haselnüssen und Pekannüssen

Diese köstlichen Express-Pralinen haben allerlei zu bieten. Sie stecken nicht nur voller ausgewählter Superfoods für ein Plus an Energie, Gesundheit und Wohlbefinden, sondern sind zudem in weniger als 10 Minuten genussfertig.

Für 12 Pralinen

Schokolade

100 ml flüssiges Kokosöl
2–3 EL Haselnussmus
4 EL rohes Kakaopulver
2 EL Ahornsirup oder flüssige Süße nach Wahl
1–2 EL Kokosblütenzucker
etwas Vanillepulver (nach Geschmack)
1 Prise Ursalz
½–1 TL Maca-Pulver (wahlweise)
½–1 TL Lucuma-Pulver (wahlweise)
1 Tropfen ätherisches Zitronenöl (wahlweise)
1 Tropfen ätherisches Orangenöl (wahlweise)

Einlagen

1 Handvoll aktivierte Haselnüsse
  (Vorbereitung siehe Seite 7 f.)
1 Handvoll aktivierte Pekannüsse
  (Vorbereitung siehe Seite 7 f.)
einige Kakaonibs oder frische Bananenscheiben
  nach Wahl

Utensilien und Geräte
Mixer

1 **Schokolade** Alle Zutaten im Mixer oder mit dem Schneebesen gut verrühren.

2 **Pralinen** Einen Teil der Hasel- und Pekannüsse in Scheiben oder Stücke schneiden. Die Einlagen beliebig und kreativ in Silikonformen geben, mit der Schokolade übergießen und/oder die Pralinen damit dekorieren. Die EnerChi-Pralinen etwa 5 Minuten ins Gefrierfach oder 10 Minuten in den Kühlschrank stellen und genießen.